En lo profundo de sus raíces,
todas las flores mantienen la luz.

~Theodore Huebner Roethke

•Reduce
•Reusa
•Recicla

A Noa, Maya, Lisa,
Lupita y Mathis

El pequeño zorro y un viaje inesperado

DENISE TURU

Había una vez un pequeño zorro que
vivía en un bosque frondoso.

Un día, un avión
de papel
lo despertó.

Y quizo ver
si volaba.

Sí, volaba.
Lo llevó a viajar
por el mundo.

Por primera vez pudo ver su bosque
desde el cielo.

Cuando atravesó el bosque de al lado se dio cuenta de que algo no andaba bien. Alguien había talado todos los árboles.

El viaje continuó y, depués de un largo recorrido, llegó
al polo norte donde los hielos se derretían a una
velocidad incontrolable.

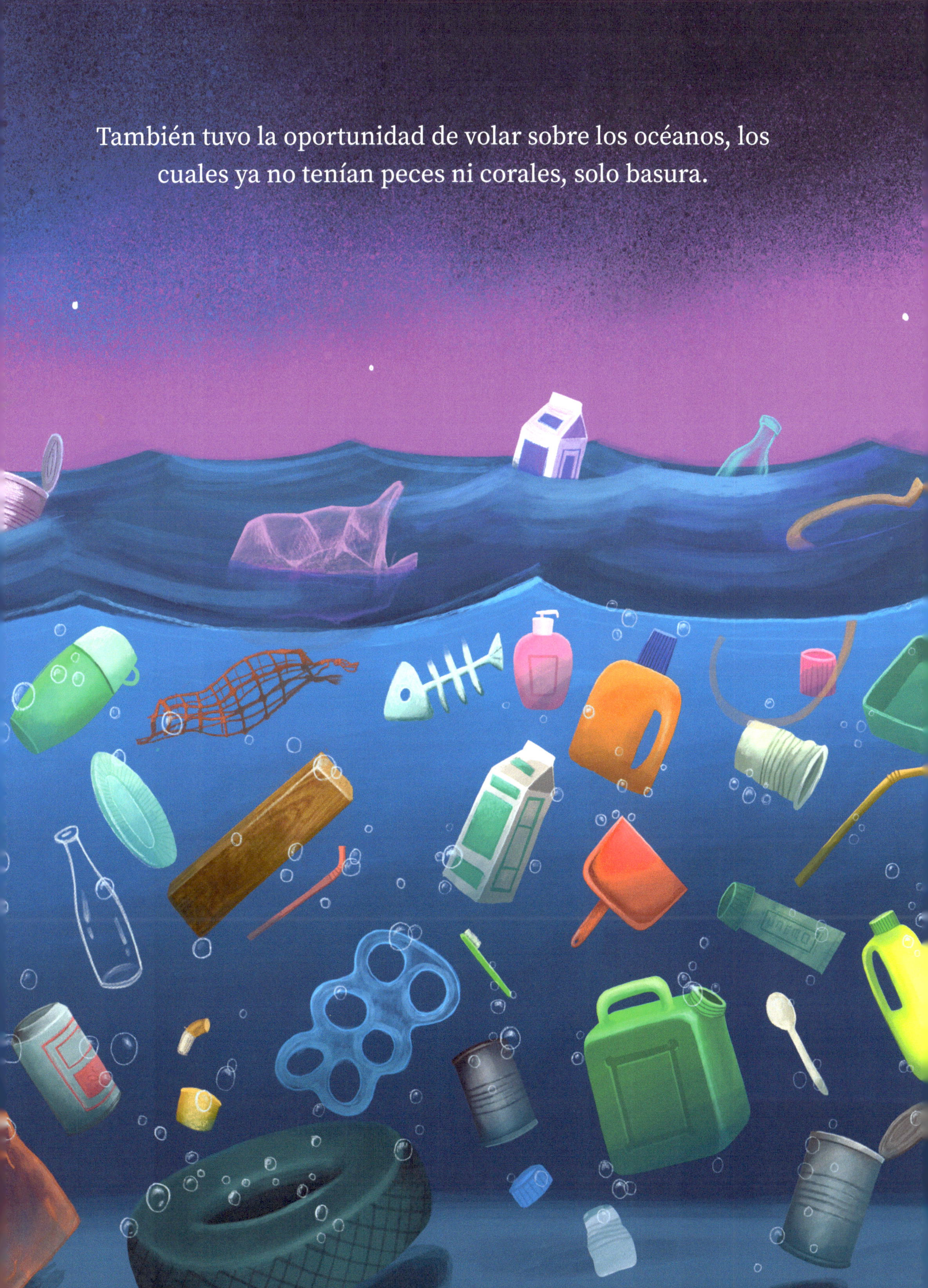

También tuvo la oportunidad de volar sobre los océanos, los cuales ya no tenían peces ni corales, solo basura.

Pero sin duda lo que más le afectó fueron aquellas
nubes grises y tóxicas, que salían de las chimeneas industriales.

Ya no había aves en el cielo, solo un aire denso e irrespirable.

Al anochecer el pequeño zorro, llegó a una ciudad
en donde el avión de papel finalmente aterrizó.

Deseoso de que todo se arreglase a la mañana
siguiente, encontró un rincón en una
callejuela donde pudo descansar.

Dulces sueños.

Los primeros rayos del sol lo despertaron y
a su lado apareció una gran hoja verde,
en vez de aquel avión de papel.

La olió, la tocó y se subió a ella.

La hoja levantó vuelo.

Así, el pequeño zorro emprendió el camino de vuelta a casa.

Aquellas chimeneas de fábricas eran ahora montañas.
Y el cielo estaba lleno de aves de diferentes tamaños y especies.

También el océano se había recuperado y estaba inundado de peces, vegetación marina y mamíferos.

¡El Polo Norte estaba a salvo!
Orcas, frailecillos, ballenas, lobos marinos, osos polares
y pingüinos habían regresado.

El pequeño zorro ya estaba cerca de su hogar.
El bosque, que había estado deforestado, olía ahora
a eucaliptus y a flores primaverales.

No había nada como volver a casa
y que todo estuviese como lo habíamos dejado.

Al llegar se adentró en el bosque.
El aroma de los pinos, la música de los pájaros y la tierra húmeda
lograron hacerlo sonreír nuevamente.

La naturaleza lo abrazó con sus árboles.

Y él volvió a correr feliz en su hogar: un lugar salvaje, colorido,
imponente, acogedor...

Simplemente: **magnífico.**

FiN